Franck Kambou

# Tu réussiras comme tu réfléchiras

Franck Kambou

# Tu réussiras comme tu réfléchiras

Éditions Croix du Salut

**Imprint**



Cover image: www.ingimage.com

Publisher:
Éditions Croix du Salut
is a trademark of
Dodo Books Indian Ocean Ltd. and OmniScriptum S.R.L publishing group

120 High Road, East Finchley, London, N2 9ED, United Kingdom
Str. Armeneasca 28/1, office 1, Chisinau MD-2012, Republic of Moldova, Europe
Printed at: see last page
**ISBN: 978-620-6-16773-0**

# Tu Réussiras Comme Tu Réfléchiras

***«Tu Réussiras Comme Tu Réfléchiras»*** est un document pédagogique dans lequel je vous démontre qui est le Dieu dont parle la Bible. Le document offre une analyse sur la Bible jamais faite auparavant, une nouvelle perspective sur la religion, la spiritualité, le mariage, l'anatomie humaine, la société, et surtout sur le développement personnel.

***«Tu Réussiras Comme Tu Réfléchiras»*** te fera découvrir ce que certaines personnes te cachent pour que tu ne connaisses pas ta vraie nature, et pour que tu restes dépendants d'eux. C'est un document qui te fera sérieusement réfléchir: "*Réfléchir soigne l'ignorance et guérir de cette ignorance pousse à agir pour réussir*".

Je commence ce document en vous racontant une histoire:
Aziz, est convaincu que Dieu existe et pour être sûr, il va voir le sage du village et lui demande: “mon père, je dis tout le temps à mes amis que Dieu existe mais ils ne me croient pas; est ce que Dieu existe”? Le sage lui répondit: “NON”.
Aziz part tout triste. Il ne pourra pas aller se vanter auprès de ses amis.
Serge, lui, est convaincu que Dieu n'existe pas et va voir le sage pour le lui demander: “mon père, je dis tout le temps à mes amis que Dieu n’existe pas mais ils ne me croient pas; est ce que Dieu existe”? Le sage lui répondit: “OUI”.
Serge part tout triste. Il ne pourra pas aller se vanter auprès de ses amis.
Les disciples du sage étaient tous confus: “Maître, nous sommes confus.
Vous avez donné deux réponses différentes à une même question”.
Le sage leur dit ceci: *“Si je leur avais donné la réponse qu’ils souhaitaient entendre, ils allaient arrêter de réfléchir tout simplement parce que c’est le sage qui a parlé. Savoir si Dieu existe ou pas ne rendra pas ta vie meilleure.*
*Ce qui est important, c'est de savoir utiliser ton cerveau pour réfléchir et agir”.*

Je me suis plongé dans la "pauvreté", afin d'analyser la Bible, et d'en sonder les profondeurs. Comme vous le savez, "heureux sont les pauvres en esprit; ils verront le royaume des cieux" *(Matthieu 5:3)*. Je te demande d'oublier pendant un instant, tout ce que certains "sages" ont dit qui plaisent à tes oreilles.
Ce que moi je te dirai ne plaira probablement pas tout de suite à tes oreilles;
si tu es patient, non seulement tes oreilles, mais aussi ton âme seront "guéries".

C'est à l'âge de 12 ans, que je me suis posé cette question: qui est le Dieu dont la Bible parle? Ce n'est que 25 ans plus tard que j'ai trouvé la réponse.
J'ai commencé par chercher le Dieu de la Bible dans la religion, mais je ne l'ai pas trouvé. Ensuite, j'ai décidé de le chercher en moi, de tout mon cœur, mais il n'était pas dans mon cœur. Je me suis donc dit: "si Dieu n'est pas dans la religion, et qu'il n'est pas dans mon cœur, il doit sûrement être dans les nuages; c'est ainsi que j'ai levé les yeux vers les nuages, mais Dieu n'y était pas".

J'ai failli abandonner ma recherche, mais je me suis souvenu du verset biblique qui dit: "quiconque demande reçoit, celui qui cherche trouve, et l'on ouvre à celui qui frappe" *(Matthieu 7:8)*. j'ai enfin décidé de sérieusement analyser la Bible, sans état d'âme, et voici ce que j'ai trouvé: si j'ai été fait à son image, c'est que le Dieu de la Bible est en moi. J'avais déjà cherché en moi, mais uniquement dans mon cœur, et je ne l'avais pas trouvé. J'en ai déduit ceci: "si Dieu est en moi, mais pas dans le cœur, il est sûrement un peu plus haut et/ou un peu plus bas".

**Je ne te demande pas de croire en mon document; je te demande juste d'être ouvert d'esprit, afin d'apprendre à réfléchir pour croire en toi même.**
Ce document, composé de 100 "versets", te fera réfléchir pour découvrir qui est Dieu, t'apprendra à t'unir à lui, et te poussera à agir pour réussir ta vie.

**Verset 1**. La Bible est un livre basé sur certaines sciences (numérologie, biologie, astrologie, anatomie, etc...), et certaines légendes orales, écrit dans le but de faire la description de l'être humain, lui montrer qui il est, mais surtout dans le but de faire l'apologie de l'esprit et de la réflexion. Ce n'est pas un livre religieux.

**Verset 2**. Jésus de Nazareth est l'être humain dont les auteurs de la Bible se seraient inspirés pour créer Jésus-Christ, le personnage principal du livre.

**Verset 3**. Dans la Bible, Jésus et Christ représentent deux entités différentes. Jésus est le symbole du corps parfait, le symbole du corps du Christ; Christ est le symbole de l'âme parfaite; Dieu est le symbole de l'esprit parfait; Jésus-Christ est le symbole de l'union entre le corps parfait et l'âme parfaite.

**Verset 4**. Jésus-Christ est le symbole d'un être humain parfait; un être humain dont le physique (corps) et les émotions (âme) sont en harmonie: une chair (corps plus âme) parfaite ou vierge. Une chair qui peut accueillir l'esprit parfait ou Dieu.

**Verset 5**. La Bible vous recommande d'essayer de vous élever au niveau du personnage fictif, Jésus-Christ, afin que le "saint-esprit" ou esprit parfait ou Dieu puisse habiter en vous. La Bible ne vous demande pas d'adhérer à une religion. Elle vous exhorte à vous connecter à l'esprit ou Dieu à travers la réflexion ou la raison.

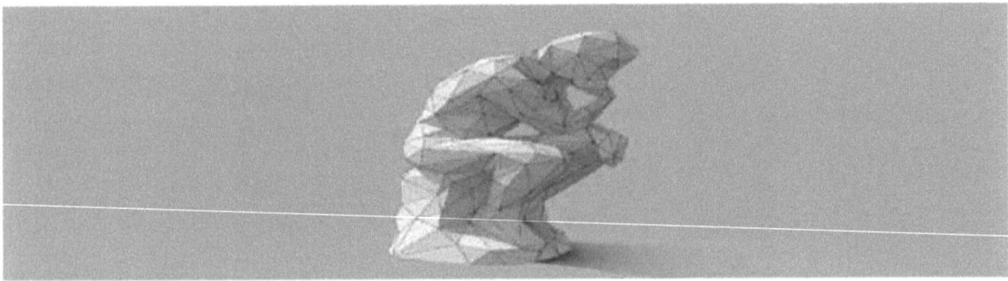

**Verset 6**. Jésus de Nazareth n'est pas littéralement mort pour vos "péchés". Il est mort pour avoir dit une vérité sur les "péchés" que certains commettaient et commettent toujours, à savoir la pratique de la religion sans réflexion. Il est mort parce qu'il combattait le judaïsme et la religion en général. Sa mort ne sauve pas, mais si tu réfléchis pour comprendre et pour suivre les enseignements qu'il a laissés, tu te sauveras toi-même. C'est pour cela que dans la Bible, Jésus-Christ ne dit jamais "je t'ai sauvé", mais "ta foi t'a sauvé". En d'autres termes, l'action qui découle de la réflexion t'a sauvé. La foi, c'est l'application ou la démonstration de ce que l'esprit nous recommande de faire *(Hébreux 11:1)*; cela montre qu'on a confiance en l'esprit et qu'on lui obéit.

**Verset 7**. La seule manière de vous connecter à votre esprit est par la réflexion, et non par la prière religieuse. Quand la Bible parle de la prière, elle parle de la réflexion. Prier, c'est réfléchir afin d'agir.

Il pleut aussi bien pour celui qui récite des prières religieuses que pour celui qui ne le fait pas: les deux récolteront le fruit de leurs semences et non de leurs prières.

La prière religieuse s'adresse à l'âme; la réflexion s'adresse à l'esprit ou Dieu.

Si la prière religieuse te fait du bien psychologiquement, et te donne de l'espoir, il n'y a aucun problème, fais le.

Cependant, je te le dis sincèrement: seule la réflexion donne des victoires.

**Verset 8**. Dans certains passages de la Bible, l'eau symbolise la pureté, ou la loi, ou la religion. Christ symbolise l'âme créée à l'image de l'esprit ou Dieu.

La fiction biblique selon laquelle Christ marche sur l'eau signifie que l'esprit, ou la réflexion, ou la raison, est au-dessus de la loi ou au-dessus de la religion.

**Verset 9**. Le « miracle » de la guérison des aveugles n'a rien à voir avec une personne qui recouvre la vue, mais est le symbole d'une personne qui désormais voit clairement le chemin qui mène vers Dieu, vers l'esprit, à travers la réflexion.

**Verset 10**. Le « miracle » de la guérison des handicapés n'a rien à voir avec une personne qui recouvre l'usage de ses jambes, mais est le symbole de quelqu'un qui a décidé d'entamer la marche avec l'esprit, quelqu'un qui a décidé de réfléchir avant d'agir. C'est pour cela que Jésus-Christ disait: "lève toi et marche".

**Verset 11**. Dans la Bible, l'eau est un symbole de la loi ou de la religion. Le vin, qui a la couleur du sang, est un symbole de l'esprit, ou de la réflexion. Transformer l'eau en vin est le symbole du passage de la loi à l'esprit, que certains appellent la grâce, ou le symbole du passage de la religion à la réflexion.

**Verset 12**. Les noces de Cana représentent l'union, ou le mariage entre le corps ou Jésus, et l'âme ou Christ, pour former un être humain "parfait" appelé Jésus-Christ. C'est pendant ces noces que Jésus-Christ reçoit l'esprit parfait, ou le saint esprit sur lui, et c'est à partir de ce moment qu'il est capable de réaliser des "miracles".

**Verset 13**. Le passage biblique qui dit "tu gagneras ton pain à la sueur de ton front" *(Genèse 3:19),* signifie que tu gagneras ta vie (pain) en réfléchissant (sueur de ton front). Tu dois t'occuper de ta chair (corps plus âme) en utilisant ton cerveau (esprit).

**Verset 14**. Le passage biblique qui dit que "l'homme quittera son père et sa mère et s'attachera à sa femme pour former une seule chair" *(Genèse 2:24),* n'a rien à voir avec le mariage humain.

Ce passage explique que l'âme (homme) quittera l'esprit ou Dieu son créateur (son père et sa mère) pour se lier à son corps (femme), et les deux entités (âme et corps) s'uniront pour former une seule entité appelée la chair ou l'être humain.

**Verset 15**. Dans la Bible, le mot mariage ne parle pas tout le temps d'une union entre deux humains, mais la plupart du temps, cela symbolise l'union ou l'harmonie entre l'âme (Adam, homme, Christ) et le corps (Ève, femme, Jésus), comme ce fut le cas lors des noces de Cana.

**Verset 16**. Dans la Bible, il est écrit que Dieu fait l'homme à son image *(Genèse 1:27-28).* Dans ce passage, le mot « homme » ne symbolise pas le sexe masculin. Ce passage dit que ce qu'on appelle Dieu ou l'esprit, ressemble physiquement à ce qu'on appelle l'âme. Vous comprendrez mieux dans les versets suivants: vous êtes patients.

**Verset 17**. Dans la Bible, on dit que Dieu crée la femme ou Ève à partir de Adam, et que Adam appele Ève, « chair de ma chair » *(Genèse 2:23)*. Dans cette fable, femme ou Ève symbolise un corps humain, et non le sexe feminin. Ève est un corps humain où vont loger côte à côte l'esprit et l'âme.

**Verset 18**. La fable d'Adam et Ève dans laquelle Ève est créée à partir d'Adam, qui lui est créé à partir de Dieu, signifie que le corps (Ève) et l'âme (Adam) viennent tous les deux de l'esprit (Dieu), et doivent se soumettre à lui.

**Verset 19**. L'antichrist symbolise quelqu'un qui refuse la réflexion. On dit qu'il est contre la réflexion, contre le Christ (qui est à l'image de Dieu ou la réflexion), ou antichrist.

**Verset 20**. Le nombre 666 est le symbole du corps humain. En effet, en numérologie, 666=6+6+6=18=1+8=9. En observant bien le chiffre 9, vous verrez qu'il a la forme d'un embryon ou corps humain. Le chiffre 9 fait aussi référence à la durée de la grossesse de la femme. 666 n'est pas un chiffre "démoniaque".

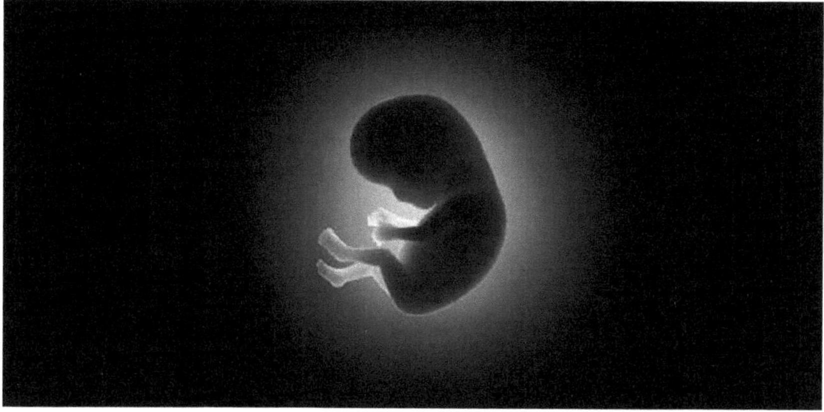

**Verset 21**. Faire des demandes religieuses, c'est aller dire à ton Dieu ce que tu veux, comme si tu connaissais mieux que lui. Réfléchir, c'est rester silencieux pour écouter ce que ton Dieu attend de toi. Dieu est le CERVEAU de ta vie; tu dois MARCHER avec lui, et l'écouter afin d'appliquer ses recommandations.

**Verset 22**. Les dix commandements sont un bon résumé de la Bible. Ce sont des recommandations pour t'aider à avoir la paix de la chair. La chair étant le siège de la souffrance, si tu respectes intelligemment les dix commandements, ta chair "sera en paix"; si tu les ignores, ta chair "reposera en paix" de façon brutale (la mort).

**Verset 23**. Dans la Bible:

Le paradis ou le salut signifie avoir la paix de la chair (corps plus âme).

L'enfer signifie la souffrance de la chair.

Le paradis et l'enfer se vivent sur terre à travers notre âme et notre corps.

Il n'y aura aucune fin du monde car le monde c'est Dieu, et Dieu n'a pas de fin.

La fin du monde dont la Bible parle est la fin de toute chose qui n'est pas basée sur l'esprit ou la réflexion, la fin de tout ce qui est "carré" pour faire place à ce qui est créatif. Dieu est CRÉATIF. La fin de TON monde est TA mort.

**Verset 24**. Dans la Bible:

La vie éternelle n'a rien à voir avec une vie après la mort. La vie éternelle signifie: vivre en bonne santé pendant très longtemps. Selon la Bible, on peut vivre en très bonne santé jusqu'aux alentours de 120 ans *(Genèse 6:3)*.

Êtres humains de peu de "foi"! Arrêtez de croire qu'à partir de 60-70 ans, vous devez passer votre temps dans les centres médicaux. A cet âge, vous devez toujours être en pleine forme. Arrêtez de vous "maudire" vous-mêmes.

**Verset 25**. Satan est le collaborateur de Dieu. Dieu utilise Satan pour te châtier, pour te corriger, pour attirer ton attention afin que tu reviennes ou que tu restes sur le droit chemin.

**Verset 26**. Dieu ne nous aurait pas créés s'il n'avait pas besoin de nous. Il vit à travers nous. Autant nous avons besoin de lui, autant il a besoin de nous pour se manifester. Il n'a aucunement besoin qu'on l'adore comme une star.

Il veut juste qu'on collabore avec lui pour vivre éternellement.

**Verset 27**. Ce n'est pas la peine de lutter contre Satan. Gardez cette énergie pour réfléchir parce que pour que Dieu ait un sens, il faut que Satan existe. Pour que votre vie ait un sens, il faut que les épreuves existent. Dieu c'est l'esprit, et Satan est une âme qui fut créée à la ressemblance de Dieu: qui se ressemble, s'assemble. Dieu et Satan sont indispensables pour former un être humain équilibré.

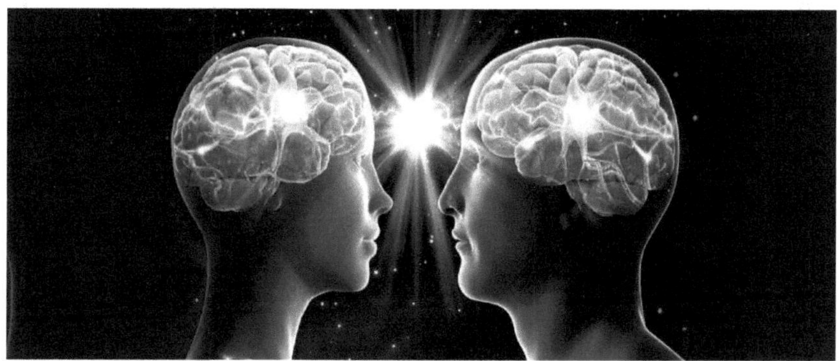

**Verset 28**. Payer la dîme n'a rien à voir avec l'argent. Payer la dîme, c'est réfléchir pour respecter les DIX commandements, et recevoir la paix de la chair en retour, de la part du ROI DE PAIX ou DIEU *(Hébreux 7:2).*

**Verset 29**. La Bible est une fable, une œuvre fictive, mais elle n'est pas fausse et n'a pas été écrite pour égarer les humains. Elle est écrite sous forme de paraboles et d'allégories, pour pousser les gens à réfléchir, mais aussi parce qu'à l'époque, c'était très dangereux de montrer ouvertement les limites de la religion.

**Verset 30**. Au nom du père, du fils, et du saint esprit signifie au nom de ton corps, de ton âme, et de ton esprit. Au nom du père, du fils, et du saint esprit signifie au nom de ton physique, de tes émotions, et de ta réflexion.

**Verset 31**. Dans la Bible, Dalila fut une bénédiction pour Samson. Grâce à la trahison de Dalila, Samson réfléchit et découvrit que sa force ne venait pas de ses cheveux (la chair), mais de son esprit (Dieu). En effet, après avoir perdu ses cheveux, et quand il était enchaîné, Samson réfléchit et réussit à mieux accomplir sa mission qui était de tuer le plus grand nombre de philistins possible *(Juges 16:23-30).*

**Verset 32**. Dans la fable du roi Salomon, il n'avait pas mille femmes parce qu'il était frivole. Il cherchait l'âme sœur parmi toutes les mille femmes, mais selon lui-même, il ne l'a jamais trouvée parmi elles. Cependant, Salomon dit qu'il a trouvé "un homme" *(Ecclésiaste 7:28).* Je veux que vous fassiez la différence entre "l'homme" qui est le symbole de l'âme, et "un homme" qui est le symbole de l'esprit, l'intelligence, la sagesse, ou Dieu. L'âme sœur que Salomon recherchait tant était déjà en lui, et s'appelait l'esprit, l'intelligence, la sagesse ou Dieu.

**Verset 33**. Aime ton prochain comme toi-même signifie respecte ton prochain comme toi-même. Celui qui est proche de toi est celui qui peut te secourir rapidement, mais qui peut aussi te nuire facilement. Respecte ton prochain comme toi-même et tu vivras en paix très longtemps.

L'amour dans un mariage n'est pas un sentiment mais le respect d'un engagement.

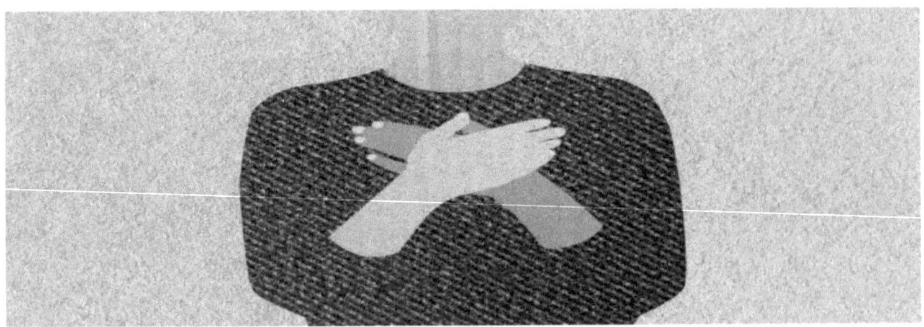

**Verset 34**. La société t'a souvent dit ceci: "accompagné on va loin". C'est peut être vrai, mais moi je te dis que seul on va où on veut, au rythme qu'on veut et quand on veut. Par ailleurs, "loin" n'est pas une destination, et on ne t'a pas dit comment choisir "l'accompagnateur". Méfie toi un peu de ce que la société te dit.

Marcher "seul", c'est l'opportunité d'être accompagné par Dieu ou l'esprit, et cela ne veut en aucun cas dire de rejeter les êtres humains ou s'exclure de la société.

On vit dans la société mais on ne vit pas pour la société: on vit pour et par l'esprit.

**Verset 35**. La chair n'est pas un frein à l'esprit. La chair est le moyen pour l'esprit de se manifester. Réfléchis pour permettre à ton esprit de s'exprimer à travers ta chair. La chair est un danger quand on l'utilise sans réfléchir.

**Verset 36**. Quand la Bible te dit que la loi ne sauve pas, elle n'est pas en train de te dire qu'il ne faut pas respecter la loi. Elle est entrain de te dire qu'il ya des circonstances dans lesquelles il faut aller au-delà de l'application mécanique de la loi et activer la réflexion afin de prendre une décision.

Si tu circules tard la nuit, tu arrives à un feu tricolore, et des gens louches y sont regroupés, la loi te dit de t'arrêter au feu rouge, mais ton esprit qui est au-dessus de la loi te dit de ne pas t'arrêter. Si tu t'arrêtes et que tu es attaqué par ces gens louches, la loi ne te sauvera pas.

**Verset 37**. Dieu “permit” à Caïn de tuer son frère Abel, car Abel était égoïste. En effet, Abel savait ce qui plaisait aux yeux de Dieu mais n‘a pas partagé cette information avec son frère Caïn. Je ne vous dis pas de tuer les égoïstes, mais je vous invite à réfléchir pour avoir accès aux informations que certains égoïstes ont.

**Verset 38**. L'égoïsme charnel peut te nuire; je te recommande de pratiquer l’égoïsme spirituel ou intelligent, qui consiste à refuser de donner chaque fois du poisson aux autres. Il faut plutôt leur vendre votre savoir sur la pêche.

**Verset 39**. Vouloir faire comme les autres, c'est manquer de respect à ton identité qui est unique. Réfléchis, connecte-toi à ton esprit, et affirme ton identité de manière sage; Dieu est dans la diversité.

Savoir dire NON aux autres est une nécessité. Si tu ne sais pas dire NON aux autres, tu ne sauras pas dire NON au "péché". NON est aussi puissant que OUI.

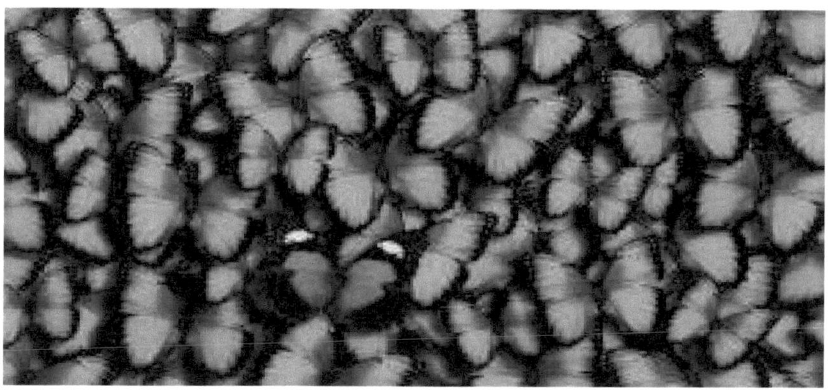

**Verset 40**. La spiritualité prône la diversité dans la réflexion. Dieu n'est pas religieux.

"Réussir" sa vie, c'est entrer dans la réflexion, et demeurer dans la progression.

**Verset 41**. Jean Paul Sartre a dit: "l'enfer c'est les autres". Moi je te dis: "L'enfer et le paradis, c'est ton prochain". Profite intelligemment du "paradis" que ton prochain t'offre, mais accroche toi fermement à ton esprit pour ne pas laisser ton prochain te conduire vers "l'enfer".

**Verset 42**. Travailler à avoir une bonne réputation, ce n'est pas s'inventer une fausse vie, ou avoir peur de la société. C'est décider de vivre avec sagesse pour que la société qui observe tes faits et gestes ne puisse pas t'accuser et te condamner.

**Verset 43**. Bon, là je vais élever un peu le niveau de la réflexion, et je vais rentrer dans votre tête pour enfin vous expliquer ce que la Bible appelle Dieu.

Dieu est celui qui vous montre le droit chemin, et Satan est celui qui vous corrige ou vous fait “mal” parce que vous n'êtes pas sur le droit chemin.

En vérité, je te le dis, ces deux entités représentent les deux hémisphères ou les deux parties du cerveau: Satan est le symbole de l'hémisphère droit ou partie droite du cerveau, le siège de l‘âme, de l’émotion, de l’intuition, de la créativité;

Dieu est le symbole de l'hémisphère gauche ou partie gauche du cerveau, le siège de l’esprit, de la raison, de la réflexion, de la logique.

Quand dans la bible on dit que “Christ est assis à la droite de Dieu”, cela veut dire que Dieu est la partie gauche de ton cerveau et que Christ est la partie droite du cerveau. Christ, tout comme Satan, représente une âme située à côté de l’esprit.

L'âme ou l'hémisphère droit du cerveau ressemble à l'hémisphère gauche du cerveau ou esprit, et c’est pour cela qu’on dit que “Adam (l'âme) est créé à l’image ou à la ressemblance de Dieu (l’esprit)”. Le Dieu dont la Bible parle est l'être humain qui utilise son CERVEAU, PLUS PRÉCISÉMENT LA PARTIE GAUCHE DU CERVEAU, le siège de l’esprit, de la réflexion, de la logique.

Tout être humain qui fait la volonté de son cerveau est un Dieu (psaume 82:6).

**NB: Réfléchir et penser sont deux choses différentes: penser c’est se connecter à ses émotions; réfléchir c’est se connecter à son esprit, cerveau ou Dieu.**

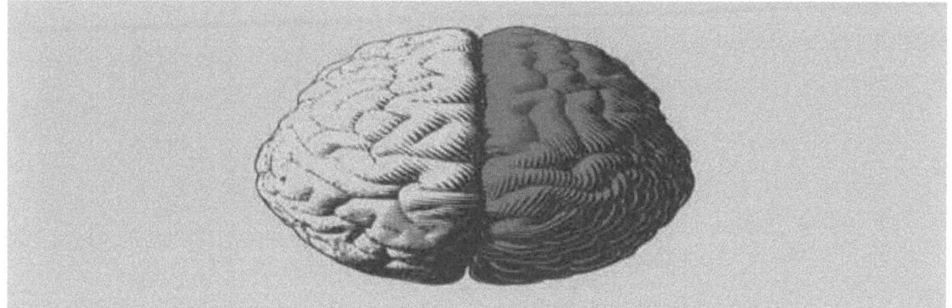

**Verset 44**. La sagesse est au dessus de la richesse, ce qui veut dire que la richesse doit être le résultat de la sagesse, de l'esprit, de l'intelligence, de la réflexion, de l'utilisation du cerveau. La richesse qui ne découle pas de la sagesse engendre la souffrance du corps et de l'âme. La richesse qui découle de la sagesse te procurera la paix de la chair.

**Verset 45**. Un des talents en toi qui te permet d'avoir de l'argent peut te faire ignorer le talent en toi qui te permettra d'avoir non seulement le confort matériel, mais aussi la paix du cœur. Réfléchis 666 fois s'il le faut avant de choisir ce qui te fera vivre.

**Verset 46**. Chercher l'argent, et travailler sont deux choses différentes: chercher l'argent te rendra ou te maintiendra esclave; travailler te libérera. Travailler, c'est réfléchir pour réussir.

**Verset 47**. On vous dit de poursuivre vos rêves mais sachez que les rêves viennent le plus souvent de l'âme, et non de l'esprit. Poursuivre certains rêves peut vous éloigner de votre esprit. Méfie toi beaucoup de ce que la société te dit.

**Verset 48**. Le mariage civil te permettra peut-être d'avoir une certaine harmonie avec un être humain, mais peut t'empêcher d'être en parfaite harmonie avec ton Dieu ou esprit. Je ne te dis pas que le mariage entre humains est mauvais; je t'informe juste qu'il se pourrait qu'il y ait mieux.

**Verset 49**. Dans un couple humain, il faut la soumission selon la compétence de chaque membre du couple. Dans l'avion, le capitaine du bateau se soumet aux décisions et directives du pilote de l'avion, mais dans le bateau, c'est le contraire. Quand on dit que l'homme est le chef de la femme cela n'a rien à voir avec le mariage humain; cela signifie que le corps (femme) est soumis à l'âme (homme). Dans un couple humain, le sexe masculin et le sexe féminin sont égaux. Maintenant, s'il y a un besoin d'avoir un "chef" dans ce couple, libre aux membres de ce couple d'en désigner le "chef".

**Verset 50**. L’inconscient se marie pour des intérêts personnels.

L’ignorant se marie par passion, ou sous la pression de la société.

L’intelligent se marie pour des intérêts mutuels.

“L’illuminé” ne se marie pas; il a décidé de rester lié à l’esprit parfait.

Le fait de ne pas être marié ne fait pas de toi un “illuminé”, et le fait d'être marié ne fait pas de toi une personne qui a échoué.

**Verset 51**. Le mariage humain n’est pas une fin en soi. Il peut même être la fin du “soi”. La Bible dit qu'il est même plus avantageux de ne point se marier *(1 Corinthiens 7:1).* Le but du célibat est la recherche de l'élévation spirituelle, et non le vagabondage sexuel. Je ne suis pas en train de te dire que le mariage est mauvais car tout le monde n’a pas pour ambition de rester uni  à “Dieu”.

**Verset 52**. On ne se met pas en couple pour être heureux ou pour rendre son partenaire heureux. On maîtrise l'art de se rendre heureux soi-même, et après on peut se mettre en couple avec quelqu'un qui sait se rendre heureux lui-même.

**Verset 53**. La plupart du temps, la femme de ta jeunesse et la femme vertueuse dont la Bible parle, c'est ta MAMAN ou celle qui a joué ce rôle.
L'ami de ta jeunesse dont la Bible parle, c'est ton PAPA ou celui qui a joué ce rôle.
Si tu es orphelin et tu n'as eu ni tuteur, ni tutrice, ne t'apitoie pas sur ton sort car sache que tu as le meilleur papa et la meilleure maman: TON ESPRIT.

**Verset 54**. L'union peut faire la force, mais le divorce peut te redonner de la force. Même Dieu a divorcé de Jésus sur la croix. Je ne suis pas en train de te dire que le divorce est bien; je suis en train de te dire que s'il n'y a pas le minimum d'harmonie dans ton couple, et que tu y vis "l'enfer", il vaut mieux divorcer. Il est préférable de perdre le partenaire charnel plutôt que le partenaire spirituel, Dieu.

**Verset 55**. Voici ce que ton âme recherchera en dehors de toi, et qu'elle ne trouvera pas: l'âme sœur. L'âme sœur ne se trouve pas en dehors de toi. N'oublie pas que l'âme fut créée à l'image de l'esprit. Logiquement, ton âme sœur s'appelle l'esprit ou Dieu. La "soeur" de ton âme ou de l'hémisphère droit de ton cerveau, est l'hémisphère gauche de ton cerveau appelé l'esprit ou Dieu.

**Verset 56**. Le corps est fait pour l'action.

L'esprit est fait pour la réflexion.

L'âme est faite pour être en paix.

La sainte trinité biblique: le père (le corps) représente le corps humain, le fils (l'âme) représente l'hémisphère droit ou partie droite du cerveau, et le saint esprit (l'esprit) représente l'hémisphère gauche ou partie gauche du cerveau.

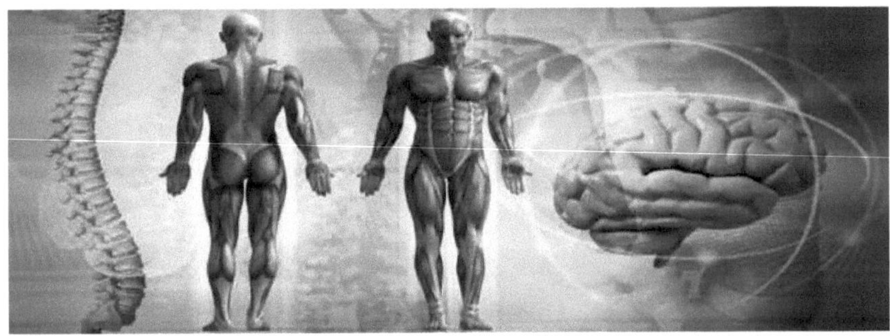

**Verset 57**. Quand ils vous disent que « le diable se trouve dans les détails », c'est parce qu'ils veulent que vous restiez dans l'ignorance. Juste à côté du diable ou l'âme, se trouve Dieu ou l'esprit. Chercher dans les détails aiguise la réflexion qui conduit vers l'esprit ou Dieu. Aies peur de ce que la société te dit.

**Verset 58**. Jésus-Christ a vaincu la mort et est ressuscité.

Tu ne pourras pas physiquement faire comme lui car c'est une fable symbolique. Par contre, tu peux faire comme un être humain équilibré: réfléchir pour ouvrir tes yeux, faire mourir ton ignorance, et marcher avec l'esprit ou ton cerveau.

**Verset 59**. La nature ne fait de cadeau à personne, elle est juste. La grâce se mérite. La grâce n'est pas un cadeau, mais quelque chose qui vient du haut, c'est-à-dire du cerveau, à travers la réflexion.

**Verset 60**. Destin ou karma veut dire conséquence. Le destin est le résultat de tes actions. Quand tu mets ta main au feu, le destin le plus probable de cette action sera une brûlure.

**Verset 61**. “Heureux les pauvres en esprit; ils verront le royaume des cieux” signifie que celui qui “s’appauvrit”, celui qui se débarrasse de TOUT ce qui pourrait l'empêcher de bien réfléchir, aura accès à TOUS les trésors cachés dans son cerveau (royaume des cieux). Se dépouiller de ces choses qui bloquent ta réflexion fera de toi un “pauvre en esprit”, c'est-à-dire quelqu’un qui a perdu les choses du bas, mais qui est prêt à réfléchir pour recevoir les choses du haut.

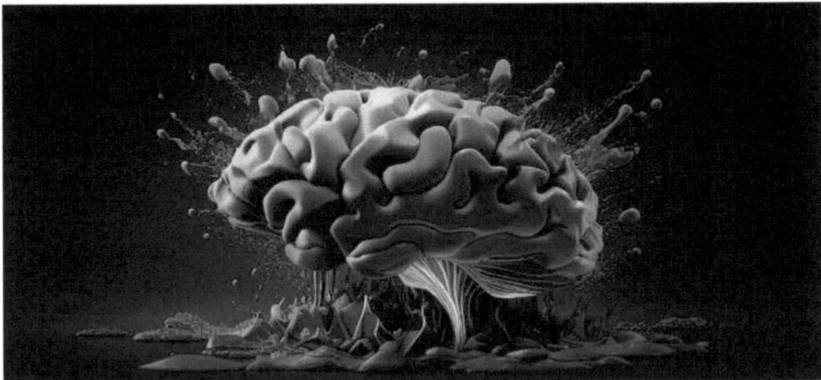

**Verset 62**. En vérité, je te le dis, la Bible est l'un des meilleurs livres en développement personnel qui te montre comment prendre soin de ton corps et de ton âme, en utilisant l'esprit ou le cerveau.

La Bible te montre comment être en harmonie avec toi-même et les autres. Elle te dit comment réussir à harmoniser Dieu et Satan, la raison et la passion, l'esprit et l'âme, l'hémisphère gauche et l'hémisphère droit du cerveau, pour être en paix.

La Bible est un livre en "**développement réflexionnel**", c'est-à-dire le développement personnel par la réflexion.

**Verset 63**. Si tu cherches d'abord les choses du haut, c'est-à-dire réfléchir pour découvrir ce qu'il y a dans ton cerveau, les choses du bas (corps et âme) seront comblées. Réfléchir te permet d'agir pour réussir.

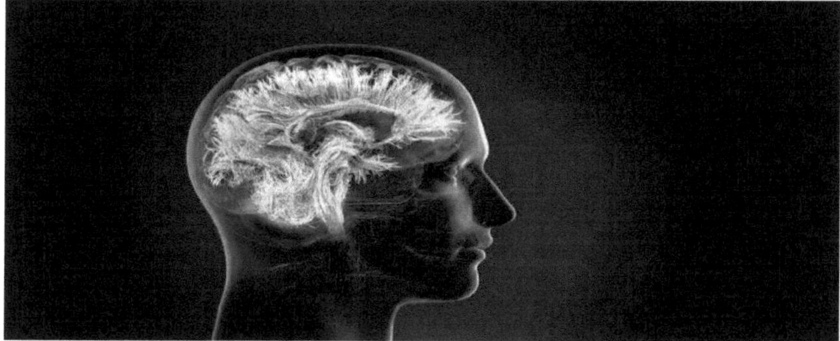

**Verset 64**. Les « lâches » souffrent psychologiquement: leur chair est tourmentée. Les « héros » souffrent physiquement: leur chair “repose en paix” tragiquement. Les « justes » souffrent rarement: leur chair est en paix.

**Verset 65**. Le “gentil” aime son prochain plus que lui-même: c’est du zèle. Le ”méchant” aime son prochain moins que lui-même: c’est de l’orgueil. Le “JUSTE” aime son prochain comme lui-même. Fais ce qu’on t’a recommandé: SOIS JUSTE

**Verset 66**. Dans la Bible, le mot virginité ne parle pas d'une virginité sexuelle, mais parle de la virginité de la chair (âme plus corps). Une chair vierge est une chair qui s'est "appauvrie", une chair qui s'est débarrassée de toutes les barrières à la réflexion créées par la société. La chair vierge est celle qui est prête à accueillir l'esprit, ou Dieu, aussi appelé l'époux dans la Bible. Voilà pourquoi dans la Bible on décide qu'il faut une "vierge", Marie, le corps parfait, pour accueillir le Christ, l'âme parfaite, afin que ces deux forment une chair parfaite ou vierge dans laquelle Dieu ou l'esprit parfait s'installera.
Réfléchis pour rendre ta chair vierge, et l'époux ou l'esprit ou Dieu viendra s'unir à toi. Il restera avec toi tant que tu continueras de réfléchir pour faire sa volonté.
Dans la réalité, Jésus de Nazareth n'est pas né d'une vierge car cela est impossible.

**Verset 67**. En vérité, je te le dis, quand la Bible parle de l'homosexualité, elle ne fait pas reférence à l'acte sexuel entre deux humains du même sexe.
La Bible appelle homosexuel, un être humain qui est purement charnel, un être humain qui refuse la réflexion (il est uniquement corps et âme mais sans esprit); il agit uniquement par la force ou l'émotion. Au lieu d'ajouter l'esprit (réflexion) à la chair (action), l'homosexuel est celui qui ajoute la chair (force ou émotion) à la chair (action): chair + chair = homosexuel (deux "chairs" qui se mettent ensemble c'est comme deux hommes ou deux femmes qui se mettent ensemble, et c'est pour cela la Bible caractérise cela d'homosexualité).
L'hétérosexuel est celui qui utilise la réflexion ou l'esprit pour conduire sa chair; il est un être humain équilibré (il est corps, âme, et esprit): esprit (réflexion) + chair (action) = hétérosexuel.
Je ne suis pas entrain de dire que les rapports sexuels et les mariages entre deux personnes de même sexe sont bien ou mal. A chacun de faire ses choix et d'en assumer les conséquences physiques, psychologiques, et juridiques.

**Verset 68**. Dans la Bible, Judas n'avait pas l'intention de livrer Jésus afin qu'il soit crucifié. Il croyait fermement en Jésus et se disait que quand Jésus allait être arrêté, Jésus allait s'en sortir et montrer aux yeux de tous qu'il était tout puissant. Quand Judas vit que Jésus rendit l'âme, il fut surpris et se pendit; l'esprit a quitté Judas car ce dernier croyait aveuglément en Jésus-Christ ou la chair. Croire en Jésus-Christ n'a pas sauvé Judas. Si Judas avait plutôt écouté son esprit, en d'autres termes, s'il avait réfléchi, il n'allait pas livrer Jésus. C'est une fable qui t'invite à te reposer sur l'esprit (Dieu, réflexion), mais pas sur la chair (Jésus-Christ, émotion).

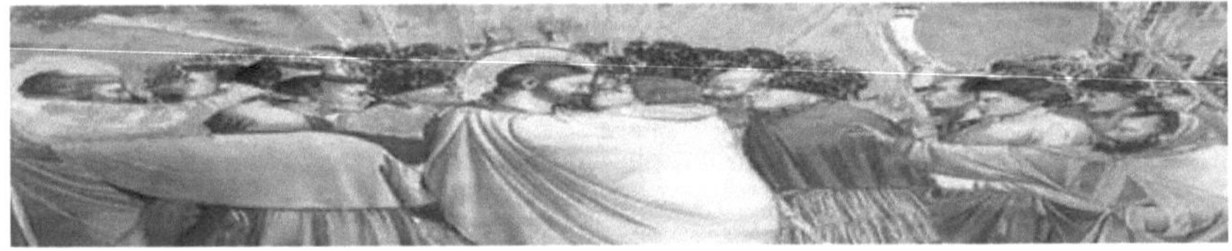

**Verset 69**. Dans la Bible, il est écrit: "Dieu a tant aimé le monde qu'il a donné son fils unique afin que quiconque croit en LUI ne périsse point, mais qu'il ait la vie éternelle" *(Jean 3:16).* Ce passage signifie que Dieu s'éloigne de l'âme (fils unique). Pour être juste, pour être le juge suprême, Dieu ne peut pas avoir de sentiments (âme). Dieu (esprit) a autorité sur la chair (Jésus-Christ), et peut la sacrifier si cette dernière ne fait plus sa volonté. Ce passage dit que Dieu donne à chacun exactement ce qu'il mérite. Si vous lisez bien, le pronom "LUI" ne remplace pas fils unique, mais remplace Dieu. Ce passage ne te dit pas de croire en Jésus-Christ, ou la chair, mais de croire en Dieu, ou l'esprit. Croire en Dieu, c'est réfléchir, cogiter, raisonner, afin d'agir de manière juste.

**Verset 70**. En vérité, je te le dis encore: Dieu dont parle la Bible est ton cerveau. Je le sais parce que de la même manière qu'on dit que Dieu est irremplaçable, en médecine, le cerveau est le seul organe qu'on ne peut pas remplacer, transplanter, ou greffer jusqu'à présent. Tu me diras que c'est Dieu qui a créé le cerveau. Moi je te demanderai qui a créé Dieu? Tu me diras que Dieu s'est créé lui-même. Je te dirai aussi que le cerveau s'est créé lui-même, puis a créé le reste du corps humain comme cela est décrit dans la Bible (genèse), pour ceux qui ont un cerveau pour comprendre. Je répète: le Dieu dont parle la Bible est le CERVEAU, et celui qui l'utilise de la bonne manière est aussi un Dieu.

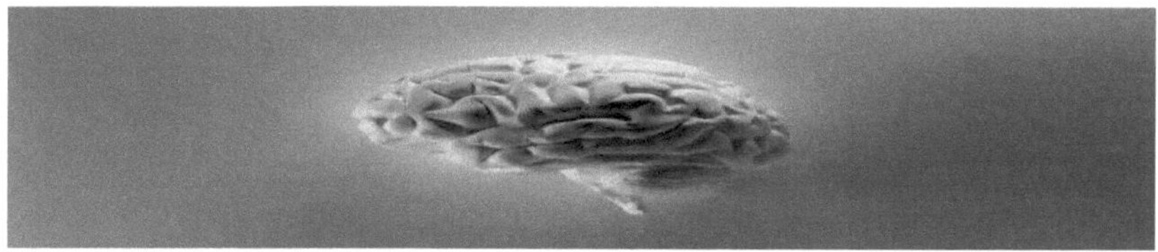

**Verset 71**. La religion peut aider à être discipliné mais si elle est mal pratiquée, elle peut aussi restreindre la capacité à réfléchir pour être créatif. C'est en étant créatif que l'on ressemble à Dieu le créateur. Accroche toi plutôt à la réflexion afin de manifester sagement toute la créativité stockée dans ton cerveau; être créatif, c'est réfléchir pour inventer un style de vie propre à toi qui te permettra d'être en harmonie avec toi-même et les autres.

L'utilisation de l'hémisphère gauche du cerveau t'aidera à manifester SAGEMENT ce qui est dans l'hémisphère droit du cerveau, le siège de la créativité.

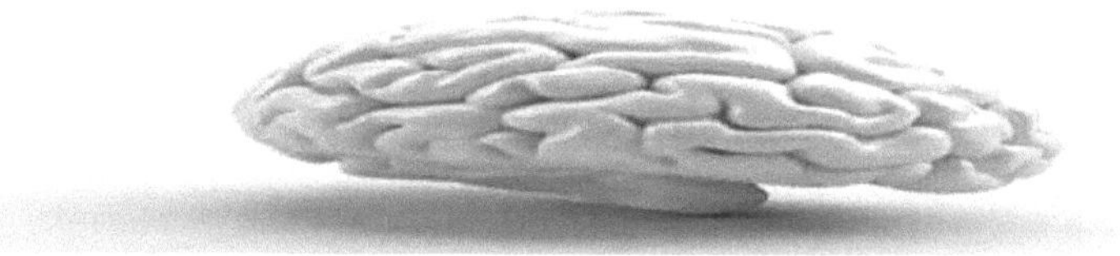

**Verset 72**. Faites attention au sexe: en même temps qu'il peut créer LA vie, il peut aussi détruire TA vie. Par ailleurs, quand la Bible parle du serpent qui a tenté Ève, elle parle de l'appareil génital masculin. Le sperme qui sort de ce sexe peut créer la vie, mais peut aussi transmettre des maladies mortelles, tout comme le vénin du serpent est utilisé pour fabriquer des médicaments mais peut aussi causer la mort. Le fruit défendu, souvent representé par une pomme, est le symbole du sexe féminin. Dans le processus de la perte de sa virginité vaginale, la femme prend du plaisir mais ressent aussi de la douleur; plaisir plus douleur provenant de la perte de la virginité vaginale chez la femme symbolise la connaissance du bien (plaisir), et du mal (douleur). La connaissance du bien et du mal ne se limite pas au sexe. La Bible utilise le sexe pour imager le bien et le mal, et nous dire qu'on ne doit pas faire les choses de facon mécanique, car une chose peut être source de plaisir et en meme temps être source de souffrance. La réflexion doit toujours précéder l'action.

**Verset 73**. Le "paresseux", c'est celui qui refuse de réfléchir, celui qui refuse d'utiliser son cerveau.

Dieu symbolise celui qui dirige, et dans l'anatomie humaine, le commandement provient de l'hémisphère gauche du cerveau: il est donc DIEU. La façon la plus rapide de chasser Dieu qui est en toi est de suivre le dieu créé par les autres.

**Verset 74**. Manquer d'argent, c'est l'opportunité de réfléchir pour en trouver; être pauvre, c'est refuser de réfléchir pour agir et réussir.
On a l'habitude de dire « si tu ne sais pas d'où tu viens tu ne peux pas savoir où tu vas ». Moi je sais d'où nous tous on vient: on vient du cerveau, plus précisément de l'hémisphère gauche du cerveau. Suivons le à travers la réflexion.

**Verset 75**. Abraham voulait sacrifier son fils unique, Isaac, mais a réfléchi, s'est ressaisi, et a sacrifié un mouton *(Genèse 22: 1-14)*. Ce n'est pas Dieu (l'esprit, la raison ou partie gauche du cerveau) qui disait à Abraham de sacrifier Isaac, mais c'est ce qui RESSEMBLE à Dieu, à savoir l'âme, l'émotion, ou la partie droite du cerveau qui allait pousser Abraham à la faute. La réflexion sauve.
Abraham représente le corps, et le corps est censé se soumettre à l'âme (Isaac); ce n'est donc pas au corps de décider de sacrifier l'âme aussi appelée fils unique dans cette fable.

**Verset 76**. Quand la Bible utilise les mots sang, vin, levain, il s'agit de l'esprit. Quand on dit que seul le sang de Jésus sauve, cela veut dire que seul l'esprit (sang) qui est dans ton corps (Jésus) t'aidera à te sauver.

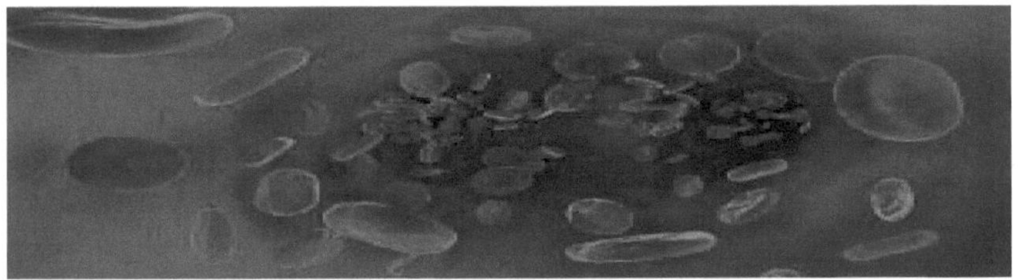

**Verset 77**. Quand dans la Bible, Jésus-Christ dit "je fais la volonté de mon Père", il n'est pas en train de parler de quelqu'un qui est en dehors de lui. Il dit qu'il obéit à son esprit. L'hémisphère droit du cerveau (Christ ou âme ou fils) et le corps (Jésus) disent qu'ils font la volonté de l'hémisphère gauche du cerveau (Dieu ou esprit ou Père). La seule fois dans la Bible où Jésus n'a pas fait la volonté de Dieu, c'est quand il a incité Judas à le livrer, s'est volontairement laissé capturer, croyant que Dieu allait miraculeusement le sauver. Quand il se rendit compte que Dieu n'allait rien faire, il s'écria: "Père, pourquoi m'as tu abandonné?".
L'esprit t'apprend à te sauver toi-même. Si tu fais sa volonté, si tu l'écoutes, il ne t'abandonnera pas. Dans la Bible, quand on dit qu'une personne parle à Dieu ou que Dieu s'adresse à une personne, cela représente une conversation entre la chair et l'esprit, ou le symbole de quelqu'un qui est en train de réfléchir.

**Verset 78**. La bible est un livre qui décrit l'être humain pour l'aider à se connaître et à exploiter les potentialités de son cerveau pour devenir un Dieu.

D'abord, quand la Bible parle du ciel et de la terre, elle parle de la tête (ciel) dans laquelle se trouve le cerveau, et des pieds (terre).

Ensuite, tout ce qui se situe entre la tête et les pieds est décrit dans la présentation du jardin d'Eden: l'arbre de vie représente le tronc de l'être humain dans lequel se trouve les organes vitaux tels que le foie, l'estomac, le coeur et les poumons; l'arbre de la connaissance du bien et du mal ou arbre du milieu représente l'appareil genital qui se trouve au milieu du corps humain; les quatre fleuves du jardin représentent les quatre membres du corps humain (les deux bras et les deux jambes); l'eau qui coule dans les fleuves, représente le sang.

Le but de la vie selon la Bible, c'est de réfléchir pour prendre soin de ta vie, ce que la Bible appelle aussi prendre soin du jardin.

La Bible a été écrite pour ceux qui veulent réussir dans le monde réel pendant qu'ils sont en vie, et non pour ceux qui veulent garantir un avenir dans un monde imaginaire après leur mort.

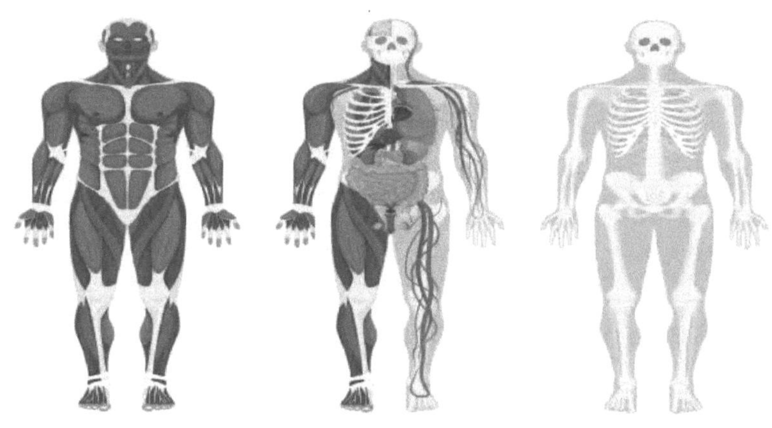

**Verset 79**. Faire l'amour avant le mariage ne souille pas le corps.
Ce qui souille ton corps et ton âme est ce que tu ne fais pas: ne pas te protéger pendant l'acte sexuel, ne pas faire de sport, et ne pas contrôler ton alimentation. Par ailleurs, quand la Bible parle de fornication, elle parle d'aller d'idolâtrie en idolâtrie. L'idolâtrie c'est par exemple croire qu'un chapelet que tu accroches sur ta moto te protège des accidents. Lorsque l'accident arrive malgré ton chapelet, tu chercheras un autre type de protection: c'est cela la fornication, à l'image de quelqu'un qui passe son temps à changer de partenaire pour chercher la satisfaction sexuelle ou financière.

**Verset 80**. Quand la Bible parle d'adultère, elle ne parle pas vraiment d'un homme ou d'une femme qui trompe son mari ou sa femme. L'adultère dont la bible parle est le fait de tromper ton "âme sœur", c'est à dire ton esprit ou Dieu. C'est le fait de ne pas écouter Dieu qui est en toi. C'est le fait de ne pas réfléchir avant d'agir. Quand tu n'écoutes pas Dieu à qui tu es censé être "marié", c'est comme si tu le trompais, et cela est de l'adultère.

**Verset 81**. Pour avoir la santé physique et psychologique:
au niveau inférieur, il faut contrôler le sexe, et contrôler ce qui rentre dans l'estomac; au niveau supérieur, il faut contrôler la bouche, et contrôler ce qui rentre dans la tête. Puisqu'on parle du corps humain, je vais vous donner un autre secret: les pieds sont la représentation externe du cerveau; voilà pourquoi dans la Bible, Jésus-Christ lave symboliquement les pieds de ses disciples; c'est pour cela qu'on dit que le ciel (cerveau) et la terre (pieds) sont remplis de gloire.
Laver les pieds, c'est rendre la chair (âme et corps) "propre", ou parfaite, afin que l'esprit parfait ou Dieu s'y attache. La marche avec l'esprit symbolise l'utilisation du cerveau, et cette marche spirituelle soigne l'âme; la marche avec l'esprit signifie aussi se mettre sur ses PIEDS pour marcher et oxygéner le cerveau, et cette marche physique soigne le corps humain. La marche spirituelle et la marche physique te mèneront vers la "terre promise", te donneront la paix de la chair.
Le cerveau ou Dieu est tellement humble qu'il se représente tout en bas sous forme de pieds afin de te porter. Sois humble comme Dieu est humble.
Les pieds sont symboliquement aussi importants que le cerveau.
En vérité, je te le dis: Dieu est en haut (le cerveau ou ciel) et en bas (les pieds ou terre). Dieu est le commencement (le cerveau) et la fin (les pieds). Il est le visible (les pieds) et l'invisible (le cerveau). Le cerveau étant Dieu, quand tu te maries à lui, tu deviens par alliance un Dieu.

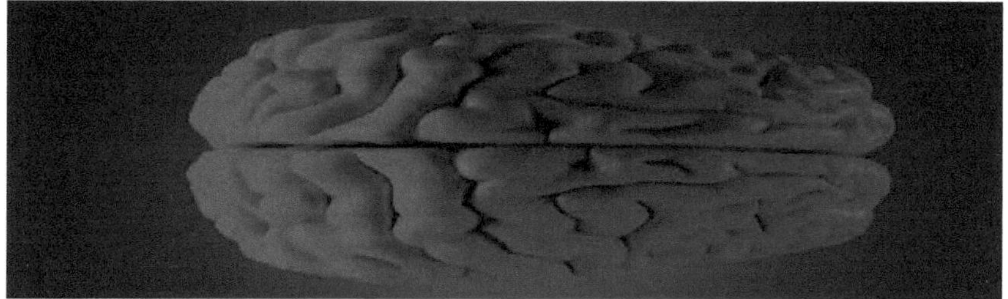

**Verset 82**. La religion devrait être comme l'école: on y entre pour apprendre des leçons de vie et quand on a fini, on doit la quitter pour aller appliquer ces leçons dans la vie active. Mes frères, mes sœurs, ce n'est pas très grave si vous ne quittez pas la religion, mais je vous recommande de ne jamais délaisser la réflexion.

**Verset 83**. Ils te diront de quitter ta "zone de confort".
Si tu ressens le besoin de quitter une zone, c'est que ce n'est pas ta "zone de confort". Moi je te dis ceci: TROUVE TA "Zone de Confort" ET RÉFLÉCHIS À COMMENT FAIRE POUR Y RESTER.

**Verset 84**. Voici les étapes pour atteindre le “paradis”:
d’abord, naître enfant-inconscient; ensuite, devenir adulte-conscient; et enfin, réfléchir pour être enfant-conscient. 99% des êtres humains resteront à l'étape “adulte-conscient” et certains même deviendront des “adultes-inconscients”.
Ces étapes expliquent qu’on est d’abord dans le paradis sans le savoir, ensuite on sort pour voir ce qui se passe dans le “monde” (descente aux enfers), et enfin, après s'être rendu “pauvre”, après avoir réfléchi, on a la possibilité de se rendre humble, se rendre tout petit comme un enfant, pour revenir au paradis (la résurrection) et faire tout pour ne plus le quitter, car on est maintenant conscient que c’est le meilleur endroit pour nous. C’est pour cela que Jésus-Christ dit dans la Bible: “laissez les enfants venir à moi; car le royaume des cieux est pour ceux qui sont comme eux”. Ces étapes sont aussi décrites dans la Bible à travers l’histoire du fils prodigue *(Luc 15:11-32)*.

**Verset 85**. René Descartes a dit: “je pense donc je suis”.
Moi je dis ceci: “je réfléchis donc JE SUIS UN DIEU”.
Nous naissons tous êtres vivants: humains, animaux, végétaux. Pour devenir un Dieu, on ne peut pas se contenter d'être; pour devenir un Dieu, il faut réfléchir.

**Verset 86**. Les gens s'accrochent aux dieux des religions car ils ignorent la puissance de leur propre esprit ou cerveau. Il n'y a pas plus fort que ton esprit. Suis l'esprit à travers la réflexion sinon il va te quitter de la même manière que Dieu a quitté Jésus sur la croix *(Luc 27:46).*

"Dieu" est un mot qui désigne une entité qui est à la tête, qui est au commandement. La Bible parle essentiellement de la puissance de cette entité qu'elle appelle l'esprit, et qui est le cerveau.

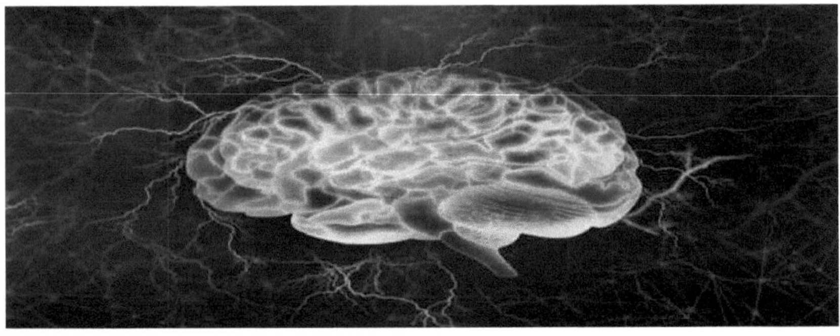

**Verset 87**. Jeûner, c'est symbolique. Contrôler son alimentation, c'est spirituel. Je vous recommande d'être spirituels. Mais si tu es convaincu que c'est la consommation de nourriture et d'eau qui bloque ta capacité à réfléchir, jeûner pour retrouver l'usage de ton cerveau peut être une bonne chose.

**Verset 88**. La spiritualité vient de l'esprit et non de l'âme. Pour s'occuper de son âme (partie droite du cerveau) il faut utiliser son "créateur" qui est l'esprit (partie gauche du cerveau). On soigne son âme et son corps en réfléchissant.

**Verset 89**. La spiritualité est l'utilisation du cerveau, à travers la réflexion, afin de poser des actes justes. La spiritualité symbolise l'élévation ou l'esprit (spirit en anglais), et l'élévation ne se fait pas avec le cœur, la bouche, la magie ou la sorcellerie; elle se fait avec les choses du haut, c'est-à- dire avec le CERVEAU.

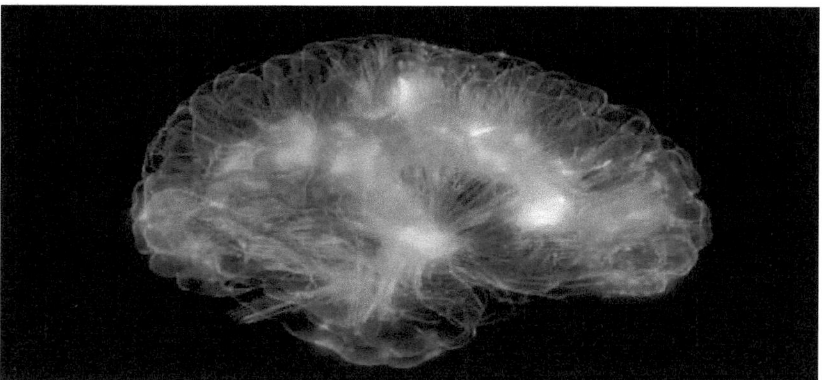

**Verset 90**. Faites très attention aux prophéties. Un soi-disant prophète qui prédit que tu seras aveugle dans deux ans si tu ne fais pas une offrande, sera prêt à percer tes yeux juste pour que sa prophétie soit vraie. En vérité, dans l'histoire du monde, les humains se sont basés sur certaines "prophéties" pour commettre des atrocités: guerres, propagations de virus, etc...
Toutes ces atrocités décrites dans la Bible n'étaient pas des prophéties mais des images pour décrire le "combat" entre la chair et l'esprit. La Bible n'est pas un livre qui prédit l'avenir mais un livre pédagogique. Elle tente d'aider l'être humain à prendre conscience de son immense puissance, à réaliser que son cerveau est Dieu, et ce Dieu ne demande qu'à être exploité de façon SAGE, à travers la réflexion. Ceux qui réfléchiront pour comprendre la Bible seront des "dieux" sur terre. Quand tu deviendras un "dieu" sur terre, attention à ce que l'orgueil ne te détruise pas. L'esprit a horreur des orgueilleux; il est le meilleur prophète.
Une personne qui ne parle que de "bénédictions" dans l'espoir de profiter de tes offrandes n'est pas un prophète, mais un PROBLÈME *(Matthieu 7:15).*

**Verset 91**. Avoir foi en Dieu, c'est réfléchir pour comprendre ses commandements afin de les exécuter; la foi est aveugle et réfléchie. Dieu ne te sauve pas, il te donne les armes pour te sauver. Dieu ne veut aucune gloire; il est LA gloire. Dieu veut être ton ami (âme sœur) comme il a été l'ami d'Abraham (*Jacques 2:23).*

**Verset 92**. Quand dans la Bible Jésus-Christ dit à Pierre qu'il le reniera trois fois, ce n'était pas une prédiction mais une recommandation. Christ recommandait à Pierre de le renier afin de pouvoir rester en vie pour raconter son histoire.
En vérité, je te le dis, cette fable ne décrit pas une conversation entre Pierre et Jésus. Elle décrit une conversation entre Pierre et son esprit ou Dieu.
L'esprit disait à Pierre: renie Jésus car j'aurai besoin de toi pour raconter ce qui lui est arrivé. Plus précisément, Pierre était en train de réfléchir pour se sauver.

**Verset 93**. Dans la Bible, on décide que Jésus sera sans père biologique parce qu'un enfant est supposé faire la volonté de son père biologique ou charnel.
Jésus n'ayant pas de père charnel, il est donc entièrement disposé à faire la volonté de son père spirituel appelé esprit ou Dieu. La légende d'un enfant né sans père biologique est utilisée dans plusieurs civilisations anciennes.

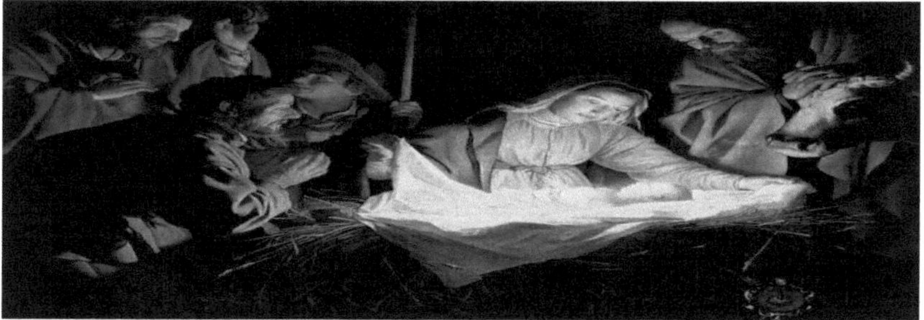

**Verset 94**. Voici le sens de "prier en langue": la Bible dit que c'est une prière que personne ne peut comprendre en dehors du prieur. La prière en langue est la même chose que la prière en esprit qui veut tout simplement dire réfléchir, cogiter, ou méditer. Quand tu es plongé dans la réflexion, effectivement, personne en dehors de toi même ne peut savoir à quoi tu réfléchis. Je le répète: prier, c'est réfléchir pour se connecter à son esprit ou son cerveau afin de faire sa volonté.

**Verset 95**. Quand la Bible dit que la femme ne peut pas enseigner, il ne s'agit pas du sexe féminin et de l'enseignement de la Bible. Cela veut dire que le corps (femme) ne doit pas être le maître ou l'enseignant de l'âme (homme), tout comme l'âme ne doit pas être le maitre de l'esprit (Dieu). C'est pour cela on dit dans la Bible que Dieu (l'esprit) est le chef de Christ (l'âme parfaite), Christ est le chef de l'homme (l'âme imparfaite), et l'homme est le chef de la femme (le corps) *(1 Corinthiens 11:3).* Une femme peut bel et bien enseigner la Bible.

La femme est bel et bien l'égale de l'homme même si les deux ont des caractéristiques physiques différentes.

**Verset 96**. Ils t'ont dit que "le travail libère l'homme" mais ils ne t'ont pas expliqué ce que cela veut dire; c'est pour cela que ton travail à toi ne te libère pas. Au contraire, tu t'enfonces dans "l'esclavage".

Le "travail libère l'homme" signifie que la réflexion libère le génie créateur (l'homme ou l'âme créatrice) qui est en toi. Ce n'est qu'en libérant ton génie créateur que ta chair (corps et âme) sera libre. L'accès à l'hémisphère gauche de ton cerveau à travers la réflexion, libérera la créativité qui se trouve dans l'hémisphère droit de ton cerveau; cette créativité se manifestera à travers ton corps, et te libérera. Sois créatif car tu as été fait à l'image "d'un homme" créatif, cet "homme" que le roi Salomon a trouvé.

**Verset 97**. Seul l'esprit ou le cerveau, à travers la réflexion, te libérera, et te permettra d'avoir la paix de la chair. Réfléchir, c'est soigner l'ignorance, et guérir de cette ignorance, c'est réussir sa vie: ***Tu Réussiras Comme Tu Réfléchiras.***

**Verset 98**. On te dit d'avoir peur de Dieu mais moi je te dis de te méfier de la société; cette société qui te plongera dans l'ignorance si tu ne fais pas de la réflexion ta meilleure arme. Dieu, ou le cerveau, n'aime pas les ignorants.
Ton ignorance dégouttera ton cerveau qui s'enfuira pour s'attacher à une autre chair. C'est pour cela qu'il est écrit dans la Bible que "vous connaîtrez la vérité et la vérité vous affranchira *(Jean 8:32)*.

**Verset 99**. En vérité, dans la Bible, l'apocalypse décrit le chamboulement qui se passera en toi quand tu liras mon document. Tu te poseras mille et une questions, ce sera le tohu bohu dans ta chair, mais je te rappelle que la bible dit: "heureux ceux qui croient sans avoir vu", et moi j'ajoute ceci: "heureux ceux qui réfléchissent après avoir lu".
La genèse décrit l'être nouveau, le DIEU sur terre que ton cerveau aura créé, et décrit aussi le climat paisible comme dans le jardin d'Eden qui s'installera en toi, si après avoir lu mon document, tu fais de la réflexion, cette lumière qui t'aidera à sonder les profondeurs du "Dieu Cerveau". ***Encore une fois: le Dieu dont la Bible parle est l'être humain qui utilise son cerveau.***

**Verset 100**. Le but de la Bible n'a jamais été de créer des religions.
Le but de la Bible était de montrer à l'être humain qu'en utilisant le cerveau, il pouvait être un Dieu, c'est-à- dire quelqu'un qui est capable de réaliser des choses exceptionnelles grâce à sa créativité, tout en restant raisonnable pour que cette créativité ne lui soit pas nuisible.
Des religions ont été créées en fonction des histoires bibliques d'Abraham, Isaac et Ismaël, qui sont tous les trois des personnages fictifs et symboliques.
Ismaël est le fils qu'Abraham engendre d'abord EN ESPRIT, ce qui lui permet ensuite d'accéder à la foi qui est en lui, et enfin ce qui lui permet de manifester cette foi avec la naissance d'Isaac.
La fable d'Abraham, d'Ismaël et d'Isaac symbolise le fait que pour que ton corps (Abraham) fasse naître une idée (Isaac), il faut d'abord croire en cette idée en esprit (Ismaël). Croire en une idée, c'est réfléchir et non prier de façon religieuse afin de trouver la meilleure façon de faire naître l'idée.
**Je suis un "réflexionnaire"**, c'est-à-dire quelqu'un qui fait l'apologie de l'exploitation sage du cerveau à travers la réflexion, ce que la Bible appelle la marche avec l'esprit.
Être croyant c'est bien, mais être créatif grâce à l'utilisation de son cerveau c'est mieux: *RESPECTE LE DIEU DES AUTRES, ESSAYE DE NE PAS SUIVRE LE DIEU DES AUTRES, MAIS SURTOUT CRÉE TON PROPRE DIEU.*
TU ES UN DIEU: **LÈVE TOI ET MARCHE AVEC TON CERVEAU!**

Printed by Books on Demand GmbH, Norderstedt / Germany